shule - xue xiao 2
usafiri - lü xing 5
usafiri - jiao tong yun shu 8
jiji - cheng shi 10
mazingira - di xing 14
mgahawa - can guan 17
dukakuu - chao shi 20
vinywaji - yin liao 22
chakula - shi wu 23
shamba - nong chang 27
nyumba - fang zi 31
sebuleni - ke ting 33
jikoni - chu fang 35
bafu - yu shi 38
chumba ya mtoto - er tong fang 42
nguo - yi fu 44
ofisi - ban gong shi 49
uchumi - jing ji 51
kazi - zhi ye 53
zana - gong ju 56
ala za muziki - yue qi 57
bustani ya wanyama - dong wu yuan 59
michezo - ti yu 62
shughuli - huo dong 63
familia - jia 67
mwili - shen ti 68
hospitali - yi yuan 72
dharura - jin ji qing kuang 76
dunia - di qiu 77
saa - zhong biao 79
wiki - zhou 80
mwaka - nian 81
maumbo - xing zhuang 83
rangi - yan se 84
kinyume - fan yi ci 85
nambari - shu zi 88
lugha - yu yan 90
ambao / nini / jinsi - shei / shen me / zen yang 91
wapi - fang wei 92

AF284814

Impressum
Verlag: BABADADA GmbH, Nedderfeld 112 , 22529 Hamburg
Geschäftsführer / Verlagsleitung: Harald Hof
Druck: Books on Demand GmbH, In de Tarpen 42, 22848 Norderstedt

Imprint
Publisher: BABADADA GmbH, Nedderfeld 112 , 22529 Hamburg, Germany
Managing Director / Publishing direction: Harald Hof
Print: Books on Demand GmbH, In de Tarpen 42, 22848 Norderstedt

shule

xue xiao

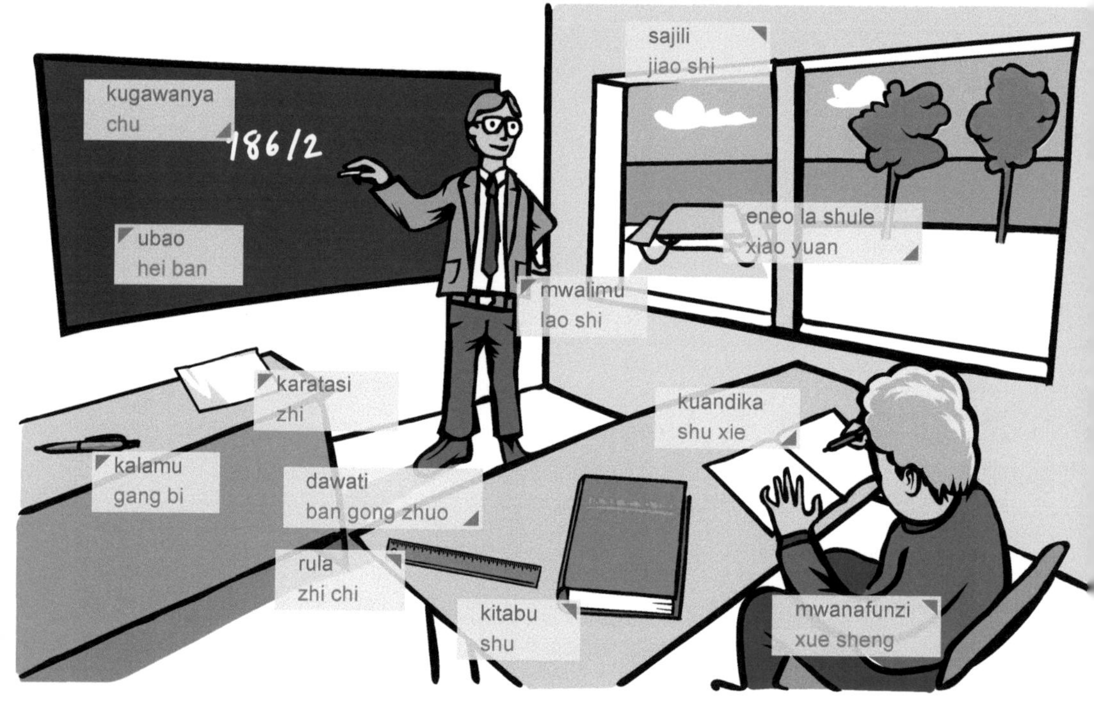
sajili
jiao shi
kugawanya
chu
186/2
ubao
hei ban
eneo la shule
xiao yuan
mwalimu
lao shi
karatasi
zhi
kuandika
shu xie
kalamu
gang bi
dawati
ban gong zhuo
rula
zhi chi
kitabu
shu
mwanafunzi
xue sheng

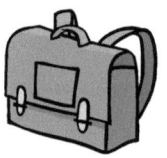

mkoba

shu bao

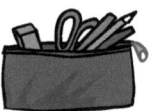

kikasha cha penseli

qian bi he

penseli

qian bi

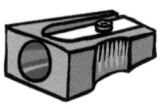

kichonga penseli

juan bi dao

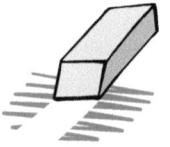

mpira

xiang pi ca

pedi ya kuchora

hua ban

uchoraji

tu hua

brashi ya rangi

hua bi

sanduku la rangi

yan liao he

mkasi

jian dao

gundi

jiao shui

daftari

lian xi ce

kazi ya nyumbani

jia ting zuo ye

nambari

shu zi

jumlisha

jia

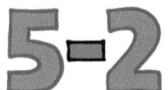

ondoa

jian

zidisha

cheng

kokotoa

ji suan

barua

zi mu

alfabeti

zi mu biao

neno

zi

maandishi

ke wen

kusoma

du

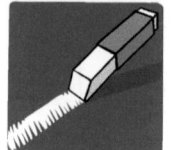

chaki

fen bi

somo

shang ke

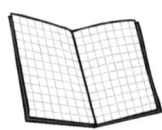

sajili

deng ji

uchunguzi

kao shi

cheti

zheng shu

sare za shule

xiao fu

elimu

jiao yu

elezo

bai ke quan shu

chuo kikuu

da xue

darubini

xian wei jing

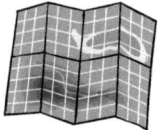

ramani

di tu

kikapu cha kuweka karatasi
chafu

fei zhi kuang

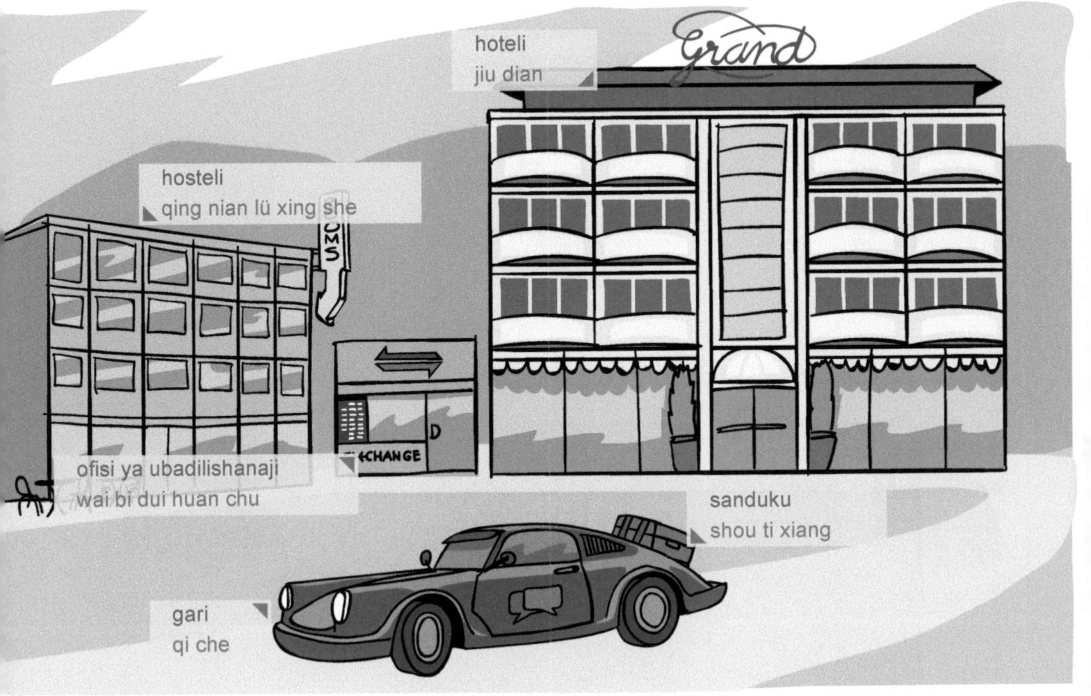
hoteli
jiu dian
Grand
hosteli
qing nian lü xing she
ofisi ya ubadilishanaji
wai bi dui huan chu
sanduku
shou ti xiang
gari
qi che

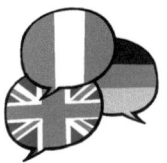

lugha

yu yan

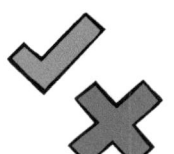

ndiyo / la

shi/fou

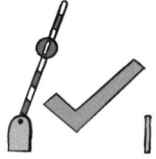

sawa

hao de

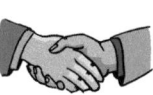

hujambo

nin hao

mtafsiri

fan yi yuan

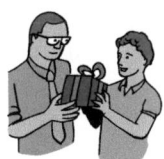

Asante

xie xie

kiasi gani ni ...?

……duo shao qian?

Sielewi

wo bu ming bai

tatizo

wen ti

Jioni njema!

wan shang hao!

Habari za asubuhi!

zao shang hao!

Usiku mwema!

wan an!

kwa heri

zai jian

mwelekeo

fang xiang

mizigo

xing li

mfuko

bao

shanta

shuang jian bao

mgeni

ke ren

chumba

fang jian

begi la kulalia

shui dai

hema

zhang peng

taarifa ya utalii

lü you xin xi

ufuo

hai tan

kadi

xin yong ka

kifunguakinywa

zao can

chakula cha mchana

wu can

chakula cha jioni

wan can

tiketi

piao

kuinua

dian ti

muhuri

you piao

mpaka

bian jie

mila

hai guan

ubalozi

da shi guan

visa

qian zheng

pasipoti

hu zhao

usafiri

jiao tong yun shu

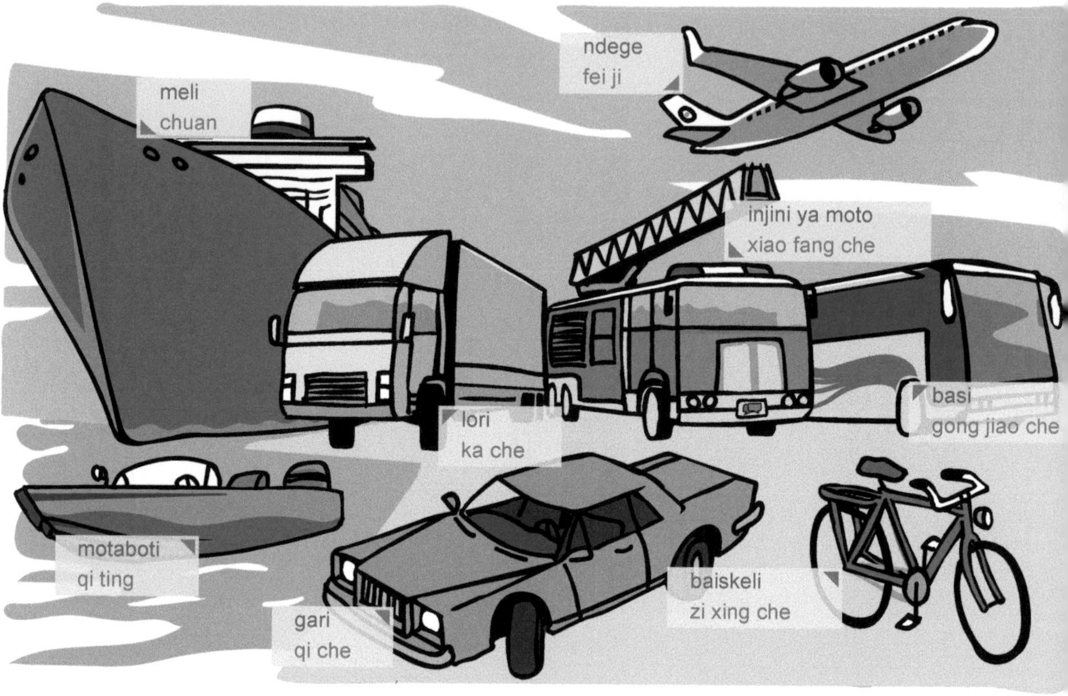

ndege
fei ji
meli
chuan
injini ya moto
xiao fang che
basi
gong jiao che
lori
ka che
motaboti
qi ting
baiskeli
zi xing che
gari
qi che

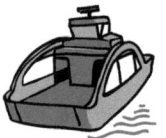

feri

bai du chuan

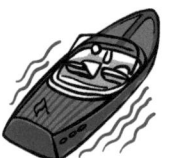

mashua

xiao chuan

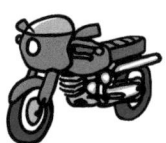

pikipiki

mo tuo che

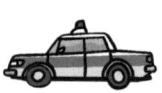

gari la polisi

jing che

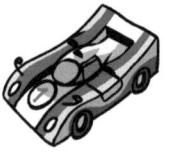

gari la mashindano

sai che

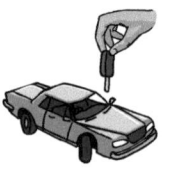

gari la kukodisha

zu che

kushiriki gari

pin che

lori la kuvuta

tuo che

ukusanyaji taka

la ji che

motor

fa dong ji

mafuta

qi you

kituo cha mafuta

jia you zhan

ishara trafiki

jiao tong biao zhi

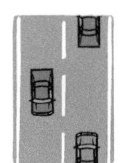

trafiki

jiao tong

msongamano

jiao tong du sai

maegesho

ting che chang

kituo cha treni

huo che zhan

reli

gui dao

garimoshi

huo che

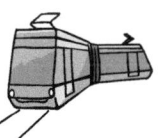

tremu

dian che

gari la mizigo

huo che

helikopta

zhi sheng ji

uwanja wa ndege

ji chang

mnara

ta

abiria

cheng ke

chombo

ji zhuang xiang

katoni

zhi ban xiang

mkokoteni

shou tui che

kikapu

lan zi

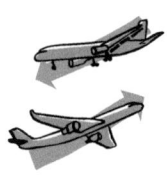

ondoka

qi fei/jiang luo

jiji

cheng shi

kijiji

cun zhuang

katikati ya jiji

shi zhong xin

nyumba

fang zi

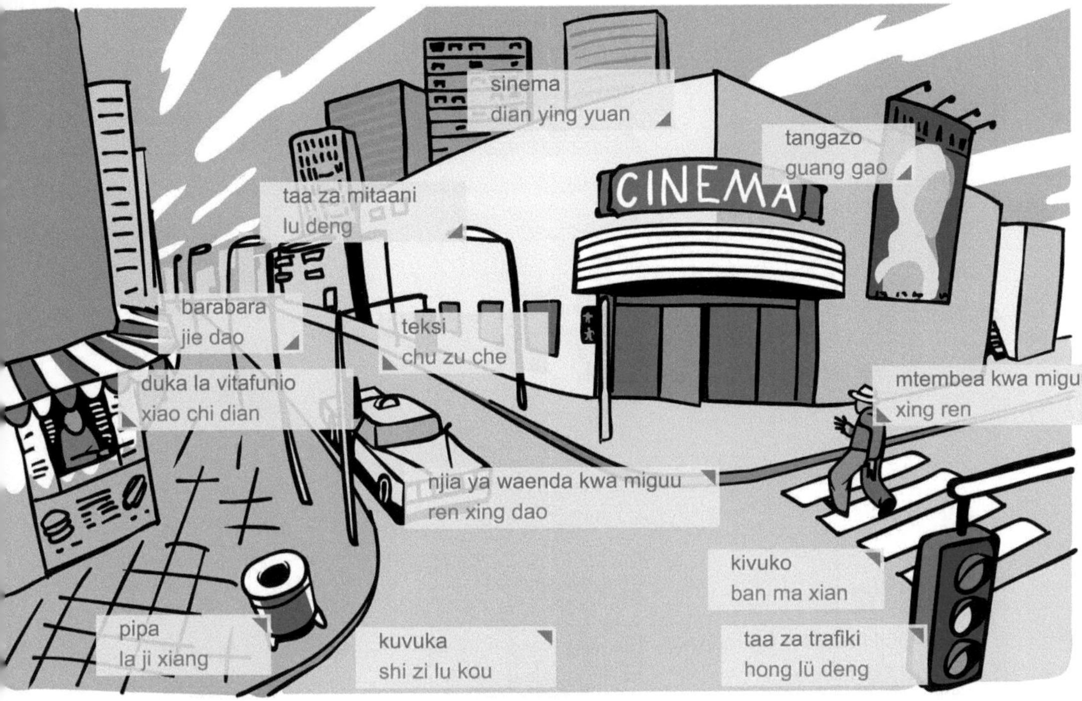
sinema
dian ying yuan
CINEMA
tangazo
guang gao
taa za mitaani
lu deng
barabara
jie dao
teksi
chu zu che
duka la vitafunio
xiao chi dian
mtembea kwa miguu
xing ren
njia ya waenda kwa miguu
ren xing dao
kivuko
ban ma xian
pipa
la ji xiang
kuvuka
shi zi lu kou
taa za trafiki
hong lü deng

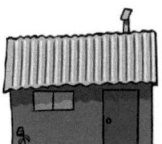

kibanda

xiao wu

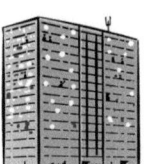

gorofa

gong yu

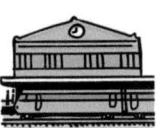

kituo cha treni

huo che zhan

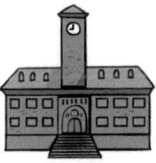

ukumbi wa mji

shi zheng ting

MUSEUM

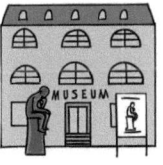

Makavazi

bo wu guan

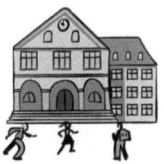

shule

xue xiao

chuo kikuu

da xue

benki

yin hang

hospitali

yi yuan

hoteli

jiu dian

duka la dawa

yao fang

ofisi

ban gong shi

duka la kitabu

shu dian

duka

shang dian

duka la maua

hua dian

dukakuu

chao shi

soko

shi chang

idara ya kuhifadhi

bai huo shang dian

mwuza samaki

yu dian

kituo cha ununuzi

gou wu zhong xin

bandari

hai gang

Hifadhi

gong yuan

benki

chang deng

daraja

qiao

vidato

lou ti

chini ya ardhi

di tie

handaki

sui dao

kituo cha mabasi

gong jiao che zhan

bar

jiu ba

mgahawa

can guan

sanduku la posta

you tong

ishara ya barabara

lu biao

mita ya maegesho

ting che ji shi qi

bustani ya wanyama

dong wu yuan

kidimbwi cha kuogelea

you yong guan

msikiti

qing zhen si

shamba

nong chang

uchafuzi

wu ran

makaburini

mu di

kanisa

jiao tang

uwanja wa michezo

cao chang

hekalu

si miao

mazingira
di xing

jani
shu ye

ishara ya mwelekeo
zhi shi pai

njia
lu

malisho
cao di

jiwe
shi tou

mtembeaji wa masafa
tu bu lü xing zhe

mti
shu

mto
he

nyasi
cao

ua
hua

bonde

xia gu

kilima

shan

ziwa

hu

msitu

sen lin

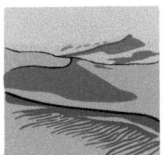

jangwa

sha mo

volkano

huo shan

ngome

cheng bao

upinde wa mvua

cai hong

uyoga

mo gu

mtende

zong lü shu

mbu

wen zi

kuruka

cang ying

chungu

ma yi

nyuki

mi feng

buibui

zhi zhu

mende

jia chong

chura

qing wa

kuchakuro

song shu

nungunungu

ci wei

sungura

ye tu

bundi

mao tou ying

ndege

niao

swan

tian e

nguruwe mwitu

ye zhu

kulungu

lu

aina ya kongoni

mi lu

bwawa

shui ba

tabo ya upepo

feng li fa dian ji

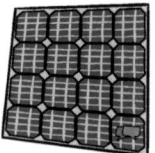

nishaji ya jua

tai yang neng dian chi ban

hali ya hewa

qi hou

mgahawa

can guan

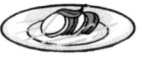

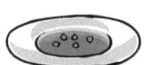

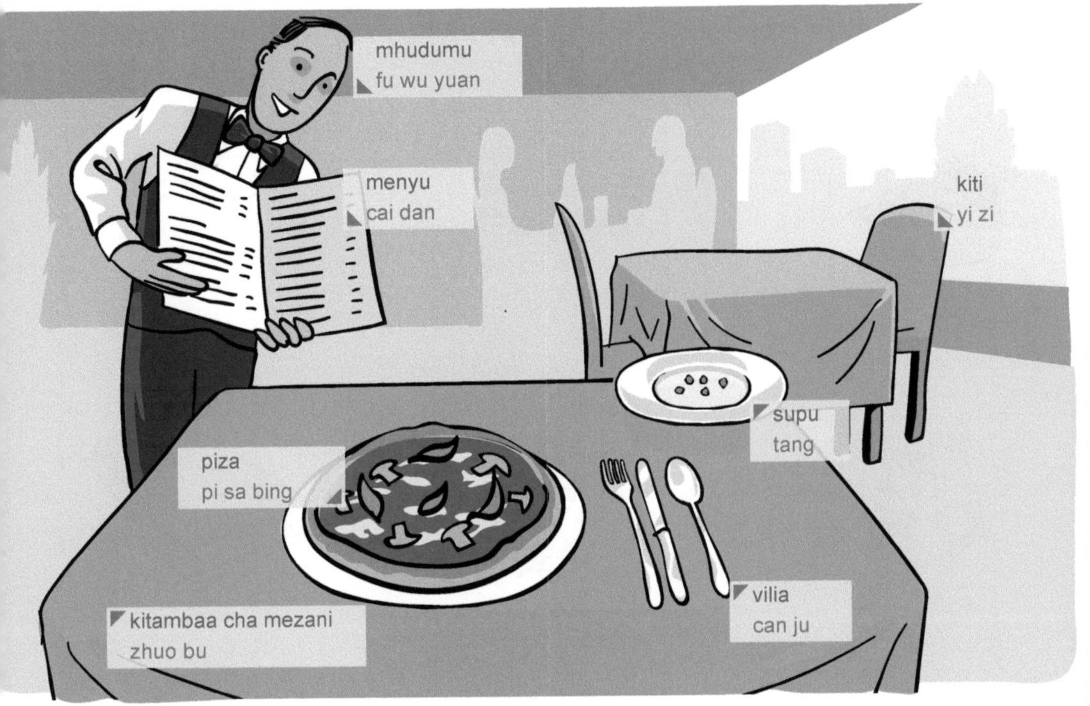
mhudumu
fu wu yuan
menyu
cai dan
kiti
yi zi
supu
tang
piza
pi sa bing
vilia
can ju
kitambaa cha mezani
zhuo bu

kiamsha hamu

qian cai

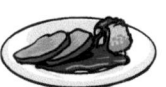

kozi kuu

zhu cai

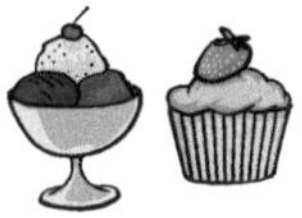

kitindamlo

tian dian

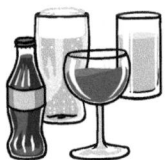

vinywaji

yin liao

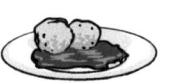

chakula

shi wu

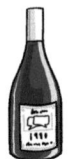

chupa

ping zi

chakula cha haraka

kuai can

Streetfood

jie bian xiao chi

buli

cha hu

kisanduku cha sukari

tang he

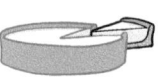

sehemu

yi fen fan cai

mashine ya espresso

yi shi ka fei ji

kiti kirefu

gao jiao yi

muswada

zhang dan

trei

tuo pan

kisu

dao

uma

can cha

kijiko

shao zi

kijiko cha chai

cha chi

nepi

can jin

glasi

bo li bei

sahani

die zi

sahani ya supu

tang pan

sufuria

die zi

mchuzi

jiang

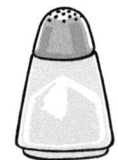

kichanyaji chumvi

yan ping

kinu cha pilipili

hu jiao mo

siki

cu

mafuta

shi yong you

viungo

tiao wei liao

kechapu

fan qie jiang

haradali

jie mo

kachumbari nzito

dan huang jiang

dukakuu
chao shi

ofa maalum
te jia
FOR
mteja
gu ke
maziwa
ru zhi pin
matunda
shui guo
toroli
gou wu che

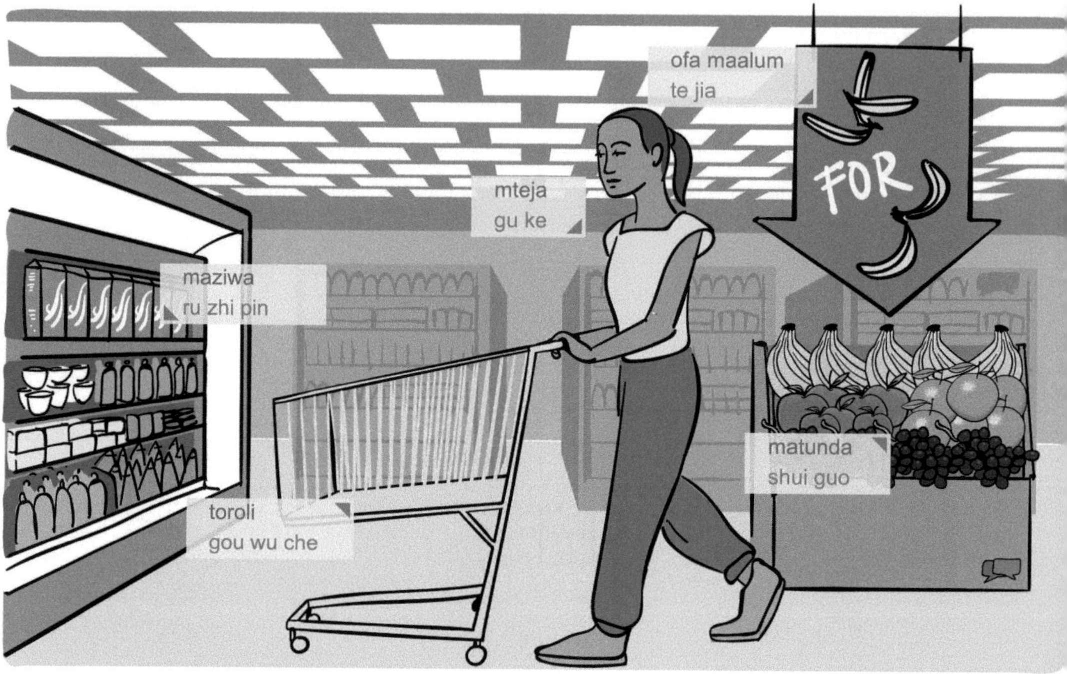

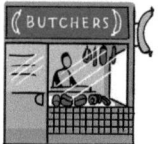

BUTCHERS

mchinjaji

rou pu

BAKERY

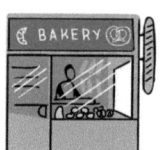

mwokaji

mian bao fang

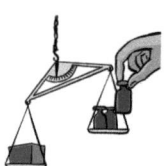

uzito

cheng zhong

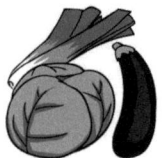

mboga

shu cai

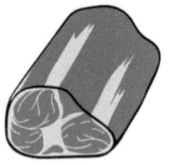

nyama

rou

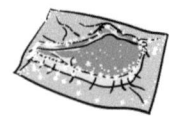

chakula waliohifadhiwa

leng dong shi pin

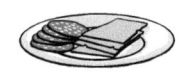

vipande vya nyama baridi

leng pan

chakula cha kopo

guan tou shi pin

sabuni ya unga

xi yi fen

pipi

tian shi

bidhaa za kaya

ri yong pin

bidhaa za kusafisha

qing jie yong pin

mtu mauzo

xiao shou yuan

mpaka

shou yin ji

keshia

shou yin yuan

orodha ya manunuzi

gou wu qing dan

masaa ya ufunguzi

kai fang shi jian

mkoba

qian bao

kadi

xin yong ka

mfuko

dai zi

mfuko wa plastiki

su liao dai

maji

shui

sharubati

guo zhi

maziwa

niu nai

coke

ke le

mvinyo

hong jiu

bia

pi jiu

pombe

jiu

kakao

ke ke

chai

cha

kahawa

ka fei

spreso

yi shi nong suo ka fei

kapuchino

ka bu qi nuo

ndizi

xiang jiao

tufaha

ping guo

machungwa

cheng zi

tikiti

xi gua

lemon

ning meng

karoti

hu luo bo

kitunguu saumu

da suan

mianzi

zhu zi

kitunguu

yang cong

uyoga

mo gu

karanga

jian guo

nudo

mian tiao

spageti

yi da li mian tiao

mpunga

mi fan

saladi

sha la

vibanzi

shu tiao

viazi vya kukaanga

zha tu dou

piza

pi sa bing

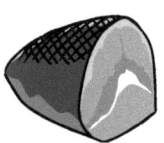

hambaga

han bao bao

sandwichi

san ming zhi

kipande

zha zhu pai

paja la mnyama

huo tui

salami

sa la mi

soseji

xiang chang

kuku

ji rou

choma

kao rou

samaki

yu

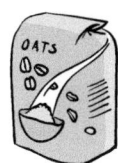

oats ya uji

yan mai pian

muesli

mu zi li

cornflakes

yu mi pian

unga

mian fen

kroisanti

yang jiao mian bao

andazi

mian bao juan

mkate

mian bao

mkate wa kubanika

kao mian bao

biskuti

bing gan

siagi

huang you

maziwa mgando

ning ru

keki

dan gao

yai

dan

yai kukaanga

jian dan

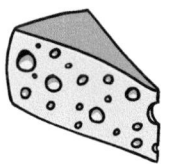

jibini

nai lao

aiskrimu

bing ji lin

sukari

tang

asali

feng mi

jemu

guo jiang

kuenea kwa chokoleti

qiao ke li jiang

mchuzi wa viungo

ga li fan

chakula - shi wu

shamba
nong chang

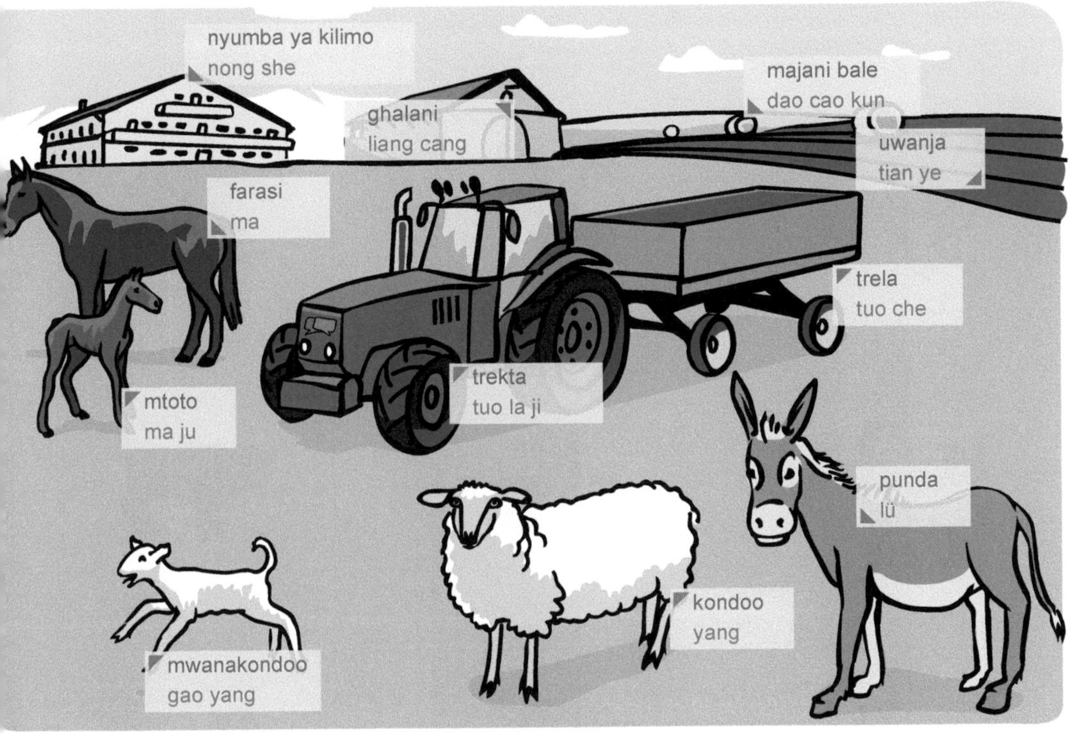

nyumba ya kilimo
nong she
ghalani
liang cang
majani bale
dao cao kun
uwanja
tian ye
farasi
ma
trela
tuo che
trekta
tuo la ji
mtoto
ma ju
punda
lü
kondoo
yang
mwanakondoo
gao yang

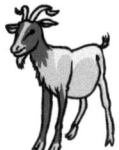

mbuzi
shan yang

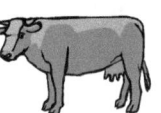

ng'ombe
nai niu

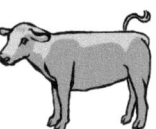

ndama
niu du

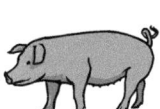

nguruwe
zhu

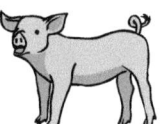

mwananguruwe
xiao zhu

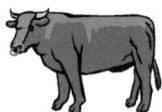

fahali
gong niu

batabukini

e

bata

ya

kifaranga

xiao ji

kuku

mu ji

jogoo

gong ji

panya

shu

paka

mao

panya

lao shu

ng'ombe

niu

mbwa

gou

nyumba ya mbwa

gou wu

bomba la bustani

hua yuan jiao shui ruan guan

debe la kumwagilia maji

sa shui hu

fyekeo

chang bing da lian dao

kulima

li

mundu

lian dao

jembe

chu tou

uma wa nyasi

chang bing cao pa

shoka

fu tou

toroli

du lun shou tui che

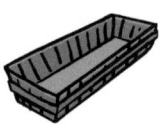

kupitia nyimbo

si liao cao

chombo cha maziwa

niu nai guan

gunia

ma bu dai

ua

zha lan

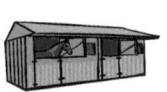

imara

ma jiu

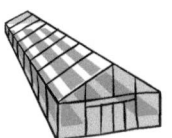

chafu

wen shi

udongo

tu rang

mbegu

zhong zi

mbolea

fei liao

kivunaji

lian he shou ge ji

mavuno

shou ge

mavuno

shou ge

viazi vikuu

shan yao

ngano

xiao mai

soya

da dou

viazi

tu dou

mahindi

yu mi

rapa

you cai zi

mti wa matunda

guo shu

muhogo

shu shu

nafaka

gu wu

nyumba
fang zi

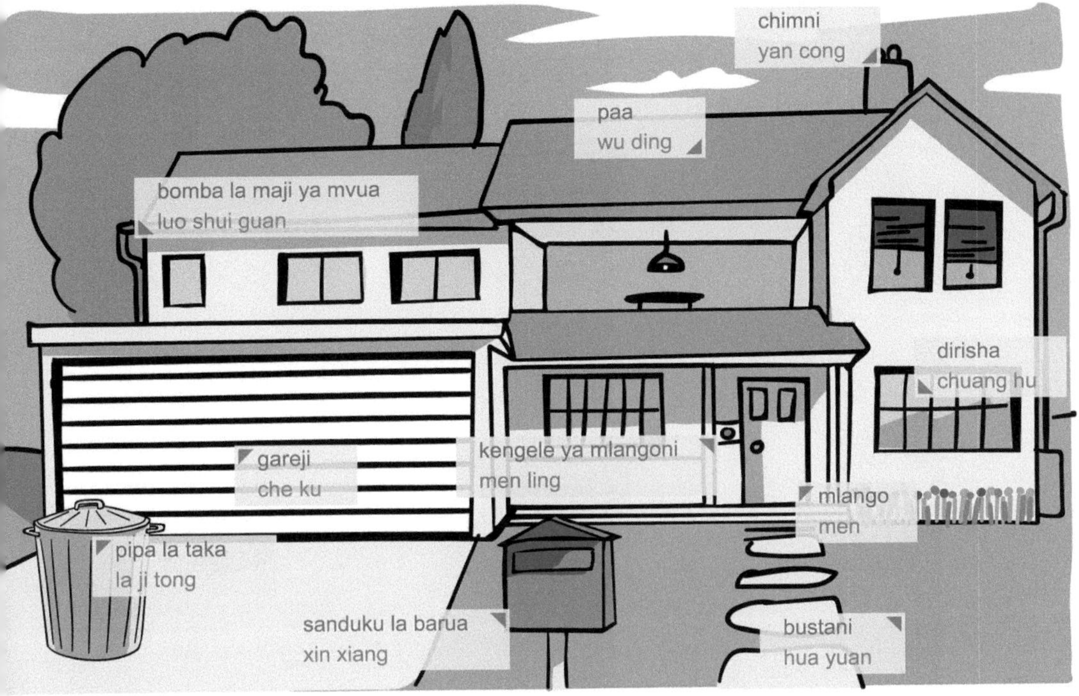

chimni
yan cong
paa
wu ding
bomba la maji ya mvua
luo shui guan
dirisha
chuang hu
gareji
che ku
kengele ya mlangoni
men ling
mlango
men
pipa la taka
la ji tong
sanduku la barua
xin xiang
bustani
hua yuan

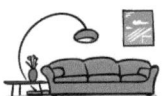

sebuleni

ke ting

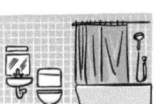

bafu

yu shi

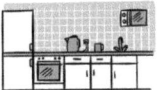

jikoni

chu fang

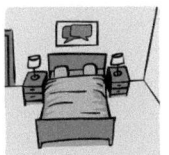

chumba cha kulala

wo shi

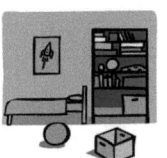

chumba ya mtoto

er tong fang

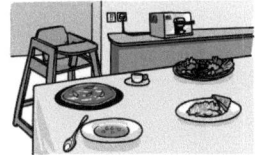

chumba cha kulia

can ting

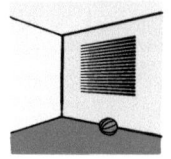

sakafu

di ban

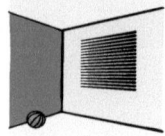

ukuta

qiang bi

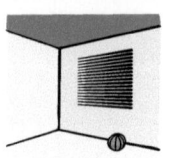

dari

diao ding

pishi

di jiao

sauna

sang na

roshani

yang tai

mtaro

lu tai

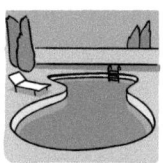

kidimbwi

you yong chi

mashine ya kukata nyasi

ge cao ji

karatasi

bei dan

kitambaa cha kupamba
kitanda

chuang zhao

kitanda

chuang

ufagio

sao zhou

ndoo

shui tong

kubadili

kai guan

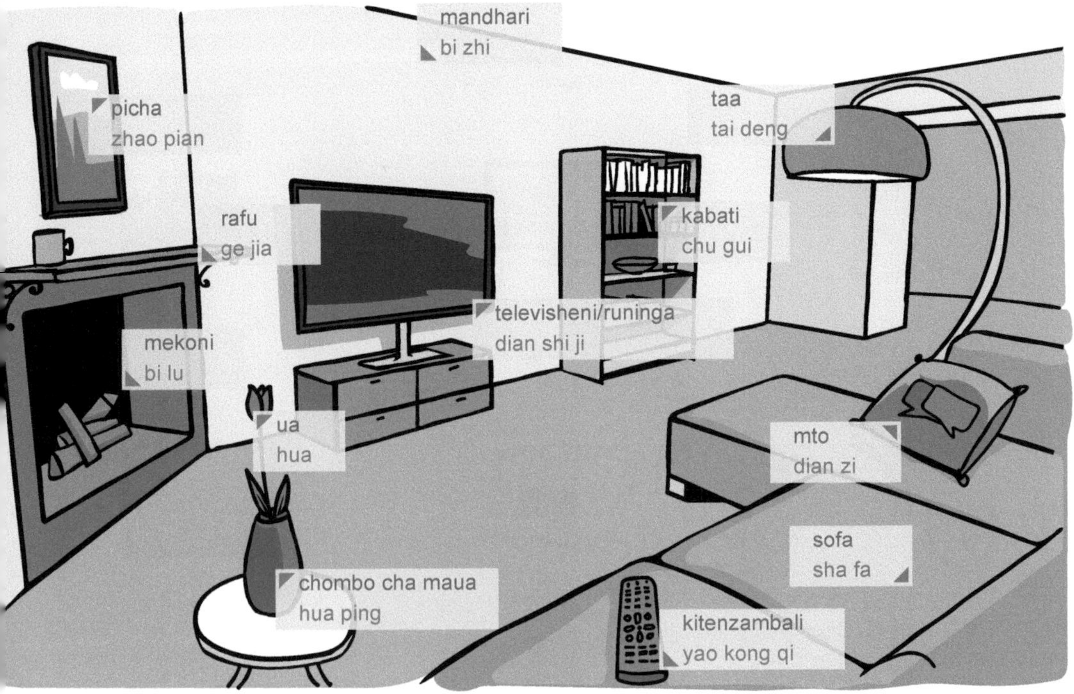

mandhari
bi zhi

picha
zhao pian

taa
tai deng

rafu
ge jia

kabati
chu gui

mekoni
bi lu

televisheni/runinga
dian shi ji

ua
hua

mto
dian zi

sofa
sha fa

chombo cha maua
hua ping

kitenzambali
yao kong qi

zulia

di tan

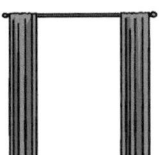

pazia

chuang lian

meza

can zhuo

kiti

yi zi

kiti cha bembea

yao yi

armchair

fu shou yi

kitabu

shu

blanketi

tan zi

mapambo

zhuang shi pin

kuni

mu chai

filamu

dian ying

kifaa cha hi-fi

gao bao zhen yin xiang

ufunguo

yao shi

gazeti

bao zhi

uchoraji

you hua

bango

hai bao

redio

shou yin ji

daftari

bi ji ben

kifyonza

xi chen qi

dungusi kakati

xian ren zhang

mshumaa

la zhu

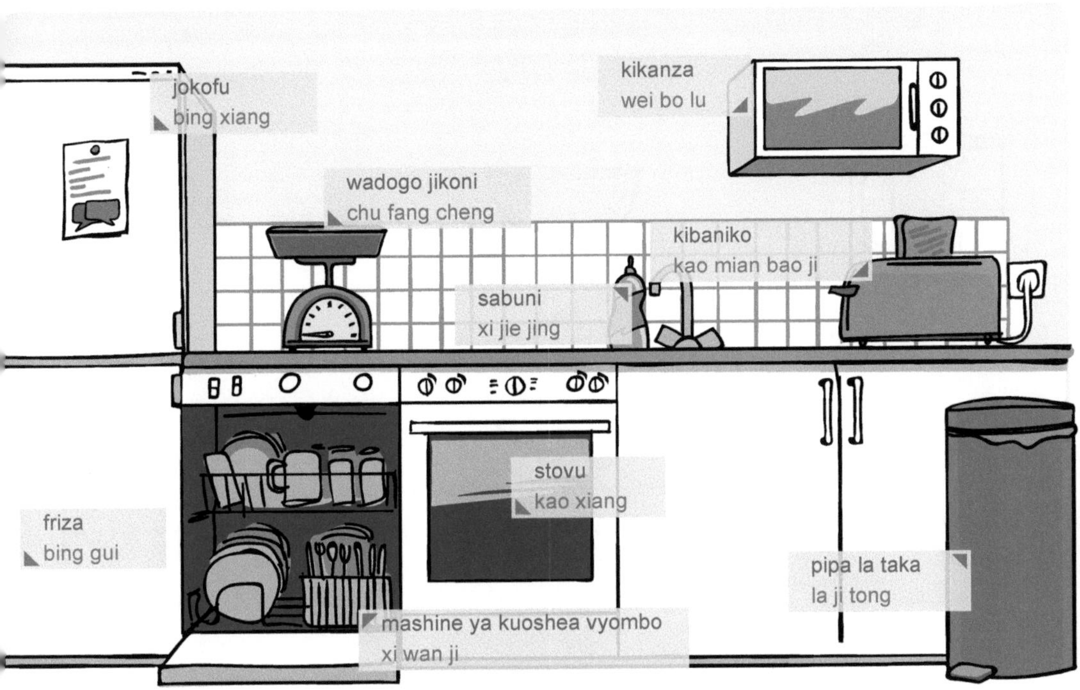

jokofu
bing xiang

kikanza
wei bo lu

wadogo jikoni
chu fang cheng

kibaniko
kao mian bao ji

sabuni
xi jie jing

stovu
kao xiang

friza
bing gui

pipa la taka
la ji tong

mashine ya kuoshea vyombo
xi wan ji

jiko la kupika

chui ju

chungu

guo

sufuria ya chuma

zhu tie guo

wok / kadai

sha guo

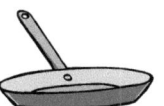

kaango

ping di guo

birika

shui hu

stima

zheng guo

sinia ya kuoka

kao pan

vyombo vya udongo

tao ci guo

kombe

ma ke bei

bakuli

wan

vijiti vya kulia

kuai zi

ukawa

chang bing shao

mwiko mpana

chan zi

burashi

jiao ban qi

kichujio

lü wang

chujio

shai zi

mbuzi

mo sui ji

chokaa

yan bo

barbeque

shao kao

moto wazi

ming huo

ubao wa majaribio

cai ban

kijiti cha kusukuma unga

gan mian zhang

kizibuo

kai ping qi

kopo

guan zi

inaweza kopo

kai ping qi

kishikio cha chungu

ge re shou tao

karo

shui cao

brashi

shua zi

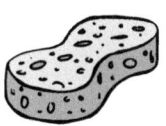

sifongo

hai mian

kisagaji matunda

jiao ban ji

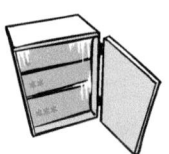

friji ya kina

leng cang xiang

chupa ya mtoto

nai ping

bomba

shui long tou

bafu

yu shi

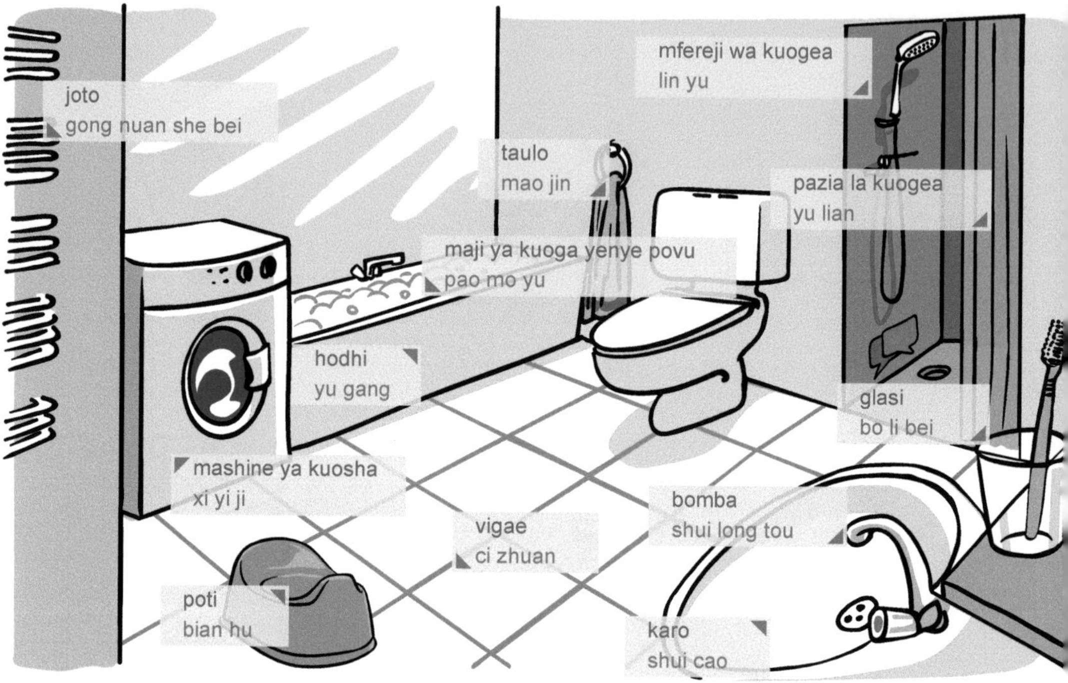
joto
gong nuan she bei
mfereji wa kuogea
lin yu
taulo
mao jin
pazia la kuogea
yu lian
maji ya kuoga yenye povu
pao mo yu
hodhi
yu gang
glasi
bo li bei
mashine ya kuosha
xi yi ji
bomba
shui long tou
vigae
ci zhuan
poti
bian hu
karo
shui cao

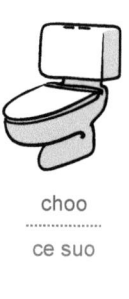

choo

ce suo

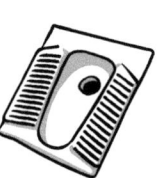

choo cha squat

dun bian qi

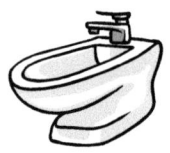

beseni la mviringo

zuo yu qi

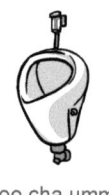

choo cha umma

xiao bian chi

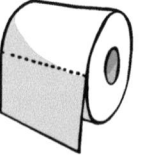

shashi

ce zhi

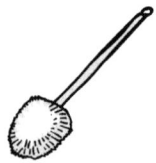

brashi ya choo

ma tong shua

mswaki
ya shua

dawa ya meno
ya gao

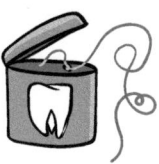

dawa ya meno
ya xian

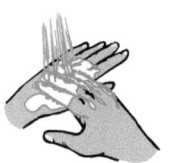

safisha
xi

kuoga mkono
shou chi shi pen lin tou

msukumo wa maji
chong xi qi

bonde
xi lian pen

mpako wa pili
ca bei shua

sabuni
fei zao

jeli ya kuogea
mu yu lu

shampuu
xi fa shui

flana
fa lan rong

toa maji
pai shui

krimu
ru shuang

kiondoa harufu
chu chou ji

kioo

jing zi

kioo mkono

shou jing

kinyozi

ti xu dao

povu la kunyoa

ti xu pao mo

baada ya kunyoa

xu hou shui

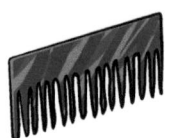

kichana

shu zi

brashi

shua zi

kikausha nywele

chui feng ji

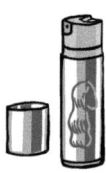

marashi ya nyewele

pen fa ding xing ji

vipodozi

hua zhuang pin

kidomwa

chun gao

varnish ya msumari

zhi jia you

pamba

hua zhuang mian

mkasi wa kucha

zhi jia jian

manukato

xiang shui

mkoba wa kuosha

xi shu bao

kinyesi

deng zi

mizani

ji zhong cheng

nguo ya kuoga

yu pao

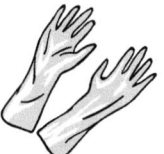

glavu za mpira

xiang jiao shou tao

kisodo

wei sheng mian tiao

sodo

wei sheng jin

kemikali choo

hua xue ce suo

chumba ya mtoto

er tong fang

saa ya kengele
nao zhong
kidoli cha kupakata
mao rong wan ju
gari bandia
wan ju che
kelele
bo lang gu
chumba cha midoli
wan ju wu
sasa
li wu

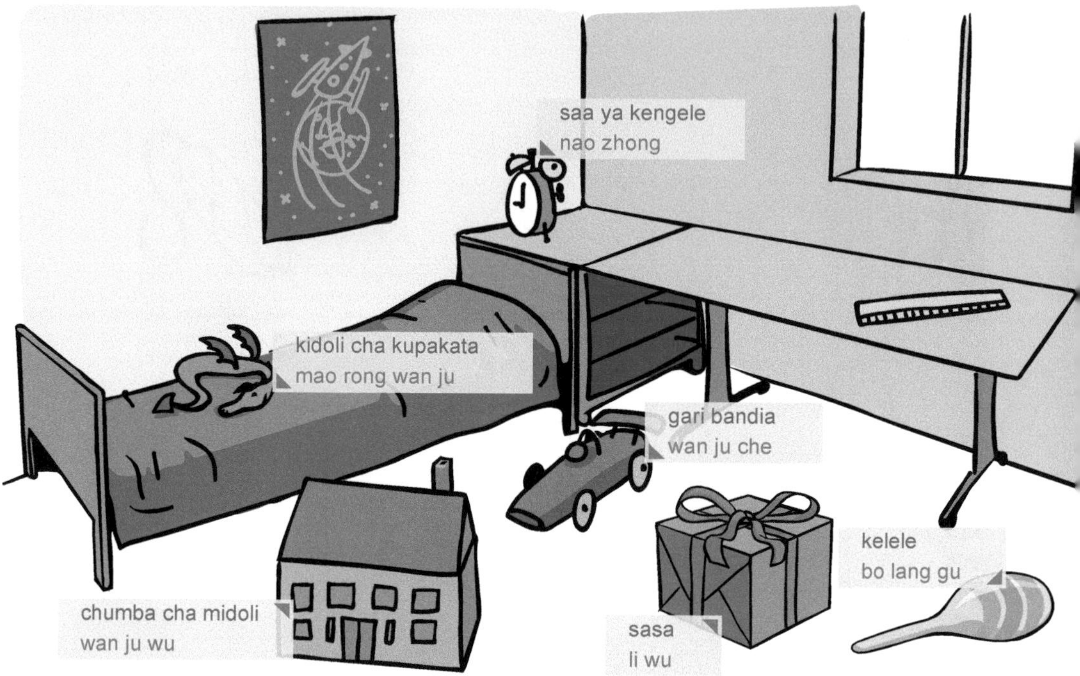

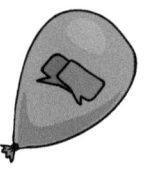

baluni

qi qiu

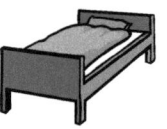

kitanda

chuang

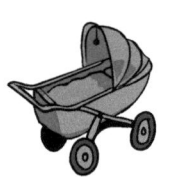

mashua

(yang wa wa yong)ying er che

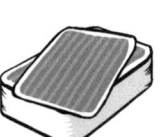

staha ya kadi

pu ke pai

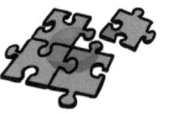

mchezo-fumb

pin tu

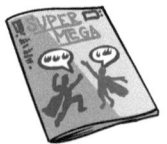

vichekesho

man hua

matofali lego

le gao ji mu

vitalu mwigo

ji mu wan ju

hatua takwimu

wan ju ren

suti ya kulalia

ying er fu

kisahani

fei pan

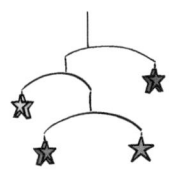

simu

chuang ling wan ju

ubao wa michezo

qi pan you xi

kete

shai zi

garimoshi mwigo

huo che mo xing

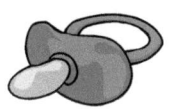

dummy

an fu nai zui

chama

ju hui

picha kitabu

hui ben

mpira

qiu

kikaragosi

yang wa wa

kucheza

wan

shimo la mchanga

sha keng

bembea

qiu qian

vitu bandia

wan ju

kiweko cha video ya
mchezo

you xi ji

baiskeli ya magurudumu

san lun che

matatu

mwanasesere

tai di xiong

kabati

yi chu

nguo

yi fu

soksi

wa zi

stokingi

chang wa

kibano

jin shen ku

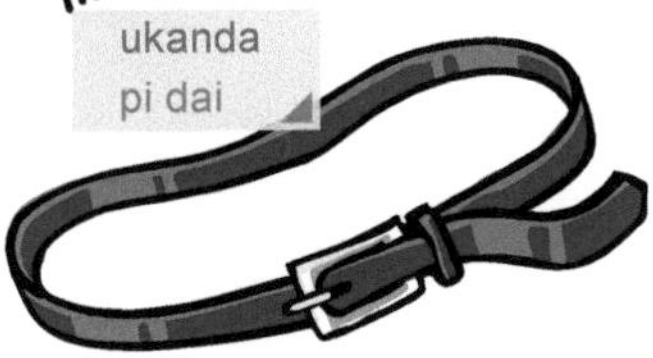

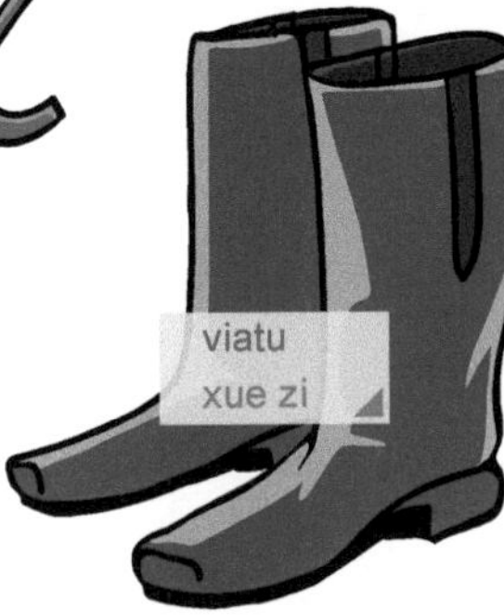

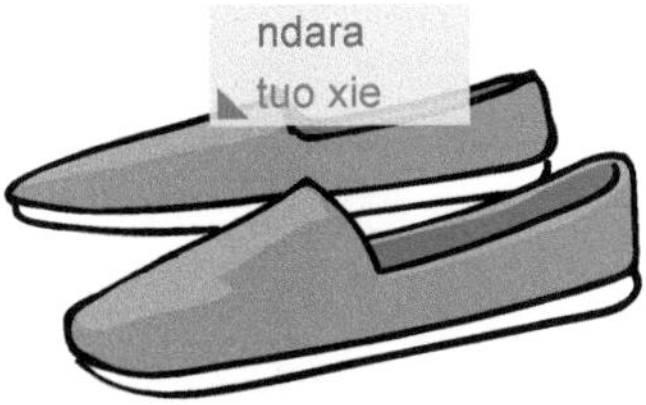

skafu
wei jin

mwavuli
yu san

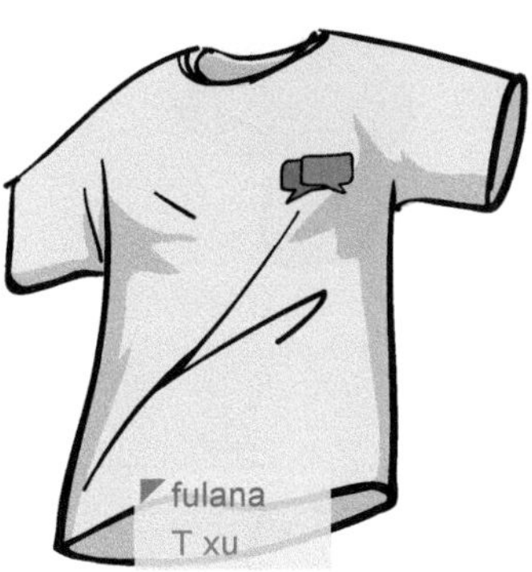

ukanda
pi dai

fulana
T xu

viatu
xue zi

ndara
tuo xie

wakufunzi
yun dong xie

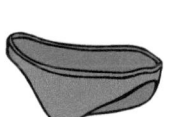

malapa
liang xie

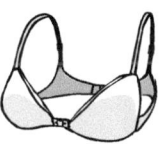

viatu
xie

mabuti ya mpira
yu xue

suruali ya ndani
nei ku

sidiria
xiong zhao

fulana
bei xin

mwili

shen ti

suruali

ku zi

dangirizi

niu zai ku

sketi

duan qun

blauzi

nü shi chen shan

shati

chen shan

vuta

tao tou shan

sweta

wei yi

bleza

xi zhuang jia ke

jaketi

jia ke

koti

wai tao

koti la mvua

yu yi

maleba

tao zhuang

gauni

lian yi qun

mavazi ya harusi

hun sha

suti

xi zhuang

vazi la usiku

shui pao

pajama

shui yi

sari

sha li

skafu

tou jin

kilemba

bao tou jin

burka

bo ka

kaftan

ka fu tan

abaya

(a la bo shi)chang pao

vazi la kuogelea

yong yi

vazi la kiume la kuogelea

nan shi yong ku

kaptura

duan ku

teitei

yun dong fu

aproni

wei qun

glavu

shou tao

kifungo

niu kou

glasi

yan jing

bangili

shou lian

mkufu

xiang lian

pete

jie zhi

herini

er huan

kofia

bian mao

kiango cha koti

yi jia

kofia

mao zi

tai

ling dai

zipu

la lian

kofia

tou kui

kanda za suruali

bei dai

sare za shule

xiao fu

sare

zhi fu

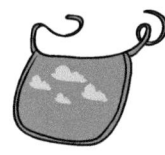

bibu

wei dou

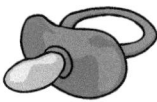

dummy

an fu nai zui

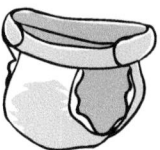

nepi

niao bu shi

ofisi

ban gong shi

seva
fu wu qi
kabati la kuweka faili
wen jian gui
kichapishaji
da yin ji
karatasi
zhi
kiwambo
xian shi ping
kipanya
shu biao
dawati
ban gong zhuo
folda
wen jian jia
kibodi
jian pan
u cha kuweka karatasi chafu
i kuang
kiti
yi zi
kompyuta
dian nao

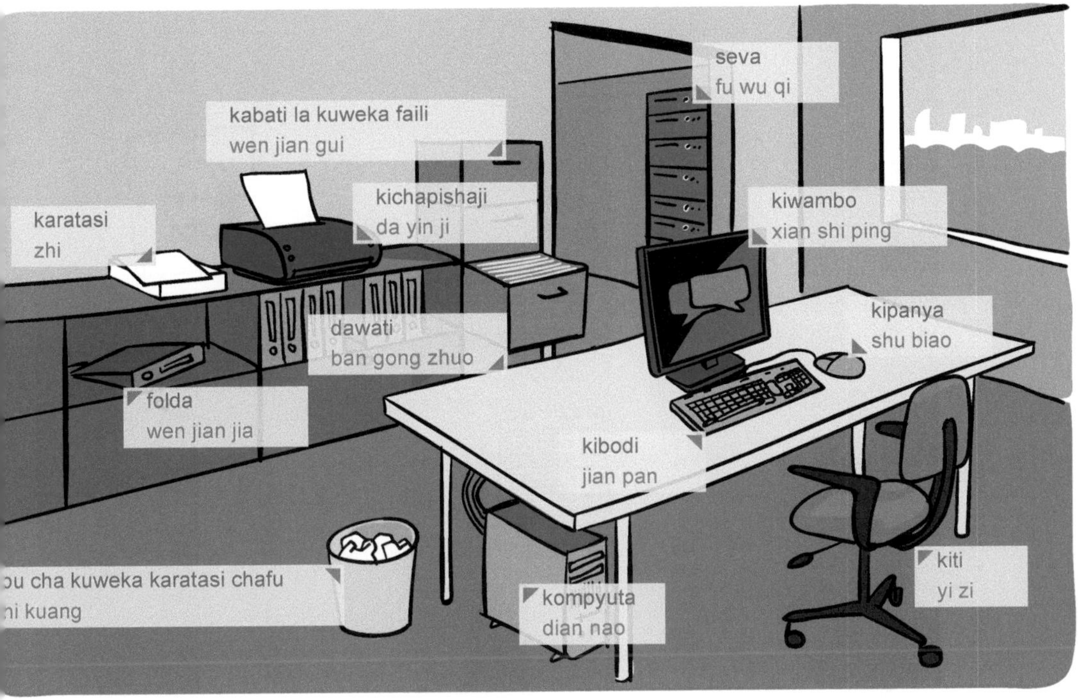

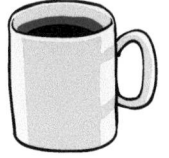

kmobe la kahawa

ka fei bei

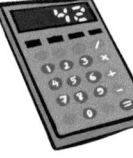

kikokotoo

ji suan qi

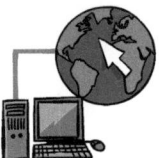

biashara

yin te wang

mbali

bi ji ben dian nao

barua

xin jian

ujumbe

xiao xi

rununu

shou ji

intaneti

wang luo

fotokopia

fu yin ji

programu

ruan jian

simu

dian hua

soketi

cha zuo

kipepesi

chuan zhen ji

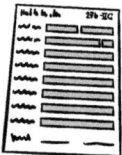

fomu

biao ge

hati

wen jian

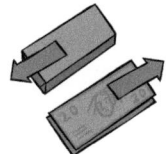

kununua

mai

kulipa

fu qian

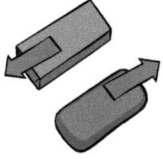

biashara

jiao yi

fedha

xian jin

dola

mei yuan

yuro

ou yuan

yeni

ri yuan

rouble

lu bu

faranga ya Uswisi

rui shi fa lang

renminbi yuan

ren min bi

rupia

lu bi

eneo la kulipia

ti kuan chu

ofisi ya ubadilishanaji

wai bi dui huan chu

dhahabu

jin

fedha

yin

mafuta

shi you

nishati

neng yuan

bei

jia ge

mkataba

he tong

kodi

shui jin

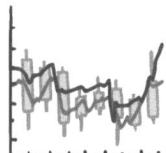

bidhaa

gu piao

kazi

gong zuo

mfanyakazi

zhi yuan

mwajiri

lao ban

kiwanda

gong chang

duka

shang dian

afisa wa polisi
jing guan

mzimamoto
xiao fang yuan

mpishi
chu shi

daktari
yi sheng

rubani
fei xing yuan

mtunza bustani

yuan ding

seremala

mu jiang

mshonaji

cai feng

hakimu

fa guan

mwanakemia

hua xue jia

muigizaji

yan yuan

dereva wa basi

gong jiao che si ji

dereva wa teksi

chu zu che si ji

mvuvi

yu fu

mwanamke wa kusafisha

qing jie nü gong

mwezekaji

wu ding gong

mhudumu

fu wu yuan

mwindaji

lie ren

mchoraji

hua jia

mwokaji

mian bao shi

umeme

dian gong

mjenzi

jian zhu gong ren

mhandisi

gong cheng shi

mchinjaji

tu fu

fundi bomba

shui guan gong

mwanaposta

you di yuan

mwanajeshi

shi bing

msanifu majengo

jian zhu shi

keshia

shou yin yuan

muuza maua

hua nong

msusi

li fa shi

kondakta

shou piao yuan

mekanika

ji xie shi

nahodha

chuan zhang

daktari wa meno

ya yi

mwanasayansi

ke xue jia

rabbi

la bi

imamu

yi ma mu

mtawa

he shang

kasisi

mu shi

zana
gong ju

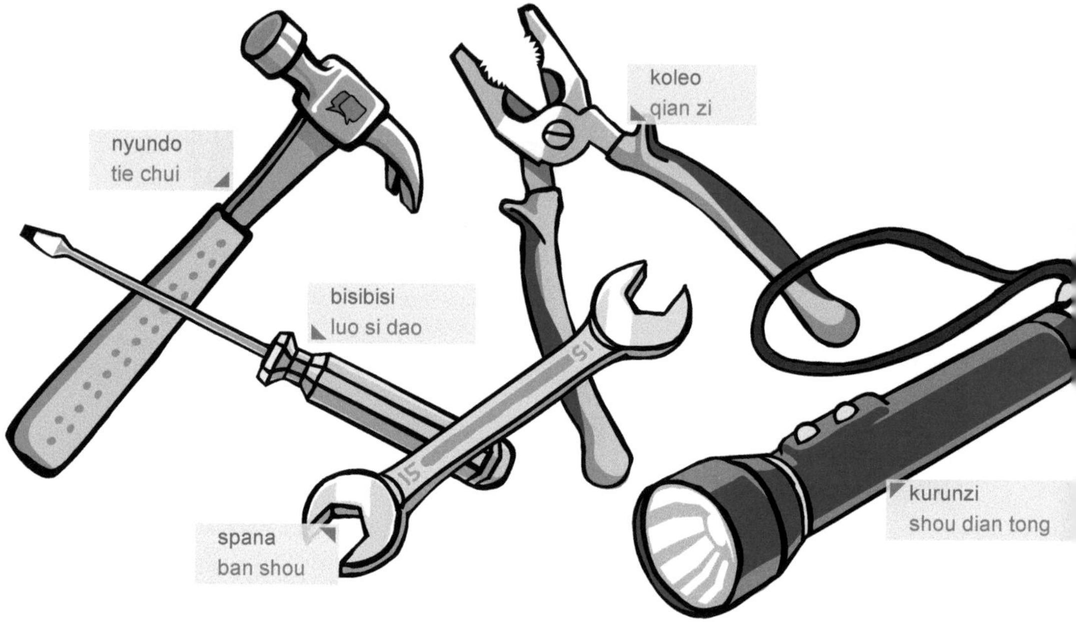
nyundo
tie chui
koleo
qian zi
bisibisi
luo si dao
spana
ban shou
kurunzi
shou dian tong

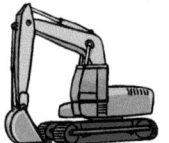

mchimbaji

wa jue ji

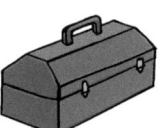

sanduku la vifaa

gong ju xiang

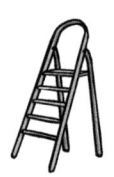

ngazi

ti zi

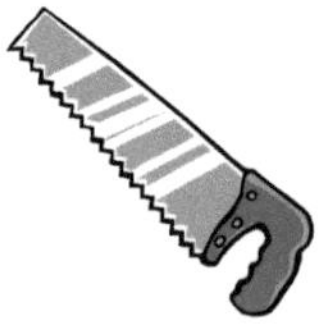

msumeno

ju zi

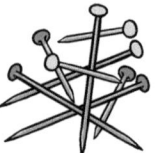

misumari

ding zi

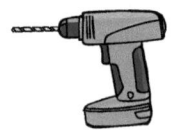

kuchimba visima

zuan ji

kukarabati
....
xiu

sepetu
....
chan zi

Lo!
....
kao!

kishikio cha uchafu
....
bo ji

chungu cha rangi
....
you qi tong

skurubu
....
luo si

ala za muziki
yue qi

spika
yang sheng qi

mpangilio wa ngoma
da ji yue qi

gita
ji ta

besi mara mbili
di yin ti qin

tarumbeta
xiao hao

piano

gang qin

fidla

xiao ti qin

ubeji

bei si

timpani

ding yin gu

ngoma

gu

kibodi

dian zi qin

saksafoni

sa ke si guan

filimbi

chang di

maikrofoni

mai ke feng

simbamarara
lao hu

lango la kuingia
ru kou

ngome
long zi

pundamilia
ban ma

chakula cha mifugo
dong wu si liao

panda
xiong mao

wanyama
....
dong wu

tembo
....
da xiang

kangaruu
....
dai shu

kifaru
....
xi niu

sokwe
....
da xing xing

dubu
....
xiong

ngamia

luo tuo

mbuni

tuo niao

simba

shi zi

tumbili

hou zi

heroe

huo lie niao

kasuku

ying wu

dubu

bei ji xiong

penguini

qi e

papa

sha yu

tausi

kong que

nyoka

she

mamba

e yu

mtunza wanyama

dong wu yuan guan li yuan

muhuri

hai bao

jaguar

mei zhou bao

mwanafarasi

ai zhong ma

chui

bao

kiboko

he ma

twiga

chang jing lu

tai

lao ying

nguruwe mwitu

ye zhu

samaki

yu

kobe

gui

sili

hai xiang

mbweha

hu li

paa

ling yang

soka ya marekani
gan lan qiu

uendeshaji baiskeli
qi zi xing che

tenisi
wang qiu

mpira wa kikapu
lan qiu

kuogelea
you yong

ndondi
quan ji

magongo ya barafuni
bing qiu

soka
ying shi zu qiu

vinyoya
yu mao qiu

riadha
tian jing

mpira wa mikono
shou qiu

skii
hua xue

polo
ma qiu

shughuli
huo dong

kuruka
tiao
kumbatia
yong bao
cheka
xiao
kutembea
zou lu
kuimba
chang
ota ndoto
zuo meng
kuomba
qi dao
busu
qin wen

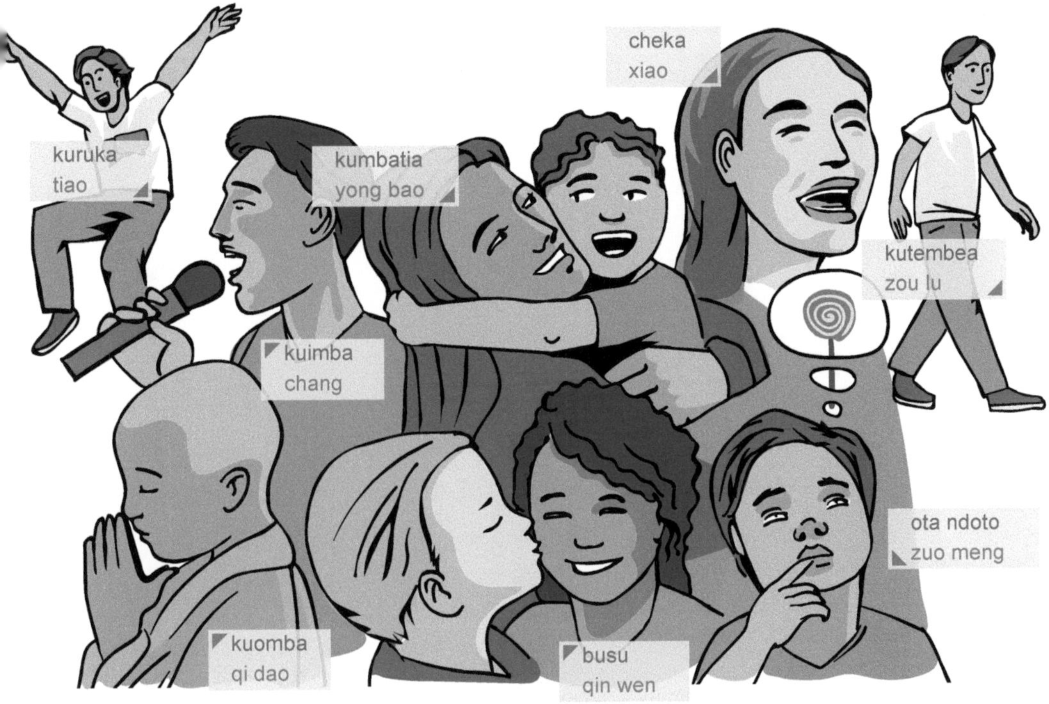

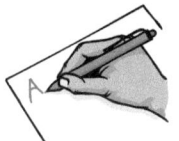

kuandika

shu xie

kuteka

hua

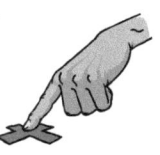

angalia

zhan shi

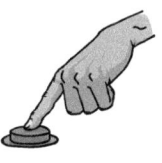

sukuma

tui

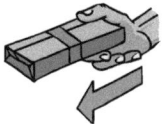

kutoa

gei

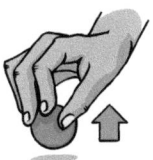

kuchukua

na

kuwa

you

fanya

zuo

kuwa

dang

kusimama

zhan

kukimbia

pao

vuta

la

kutupa

reng

kuanguka

shuai dao

hadaa

tang

kusubiri

deng dai

kubeba

xie dai

kukaa

zuo

vaa nguo

chuan yi

usingizi

shui jiao

kuamka

xing lai

kuangalia
kan

lia
ku

kiharusi
fu mo

chana nywele
shu tou

ongea
jiao tan

kuelewa
ming bai

kuuliza
wen

kusikiliza
ting

kunywa
he

kula
chi

nadhifisha
qing li

upendo
ai

mpishi
zuo fan

gari
kai che

kuruka
fei

meli

hang xing

kokotoa

ji suan

kusoma

du

kujifunza

xue xi

kazi

gong zuo

kuoa

jie hun

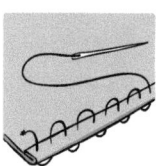

kushona

feng

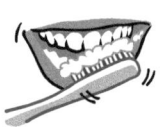

piga mswaki

shua ya

kuua

sha

moshi

chou yan

kutuma

ji

familia
jia

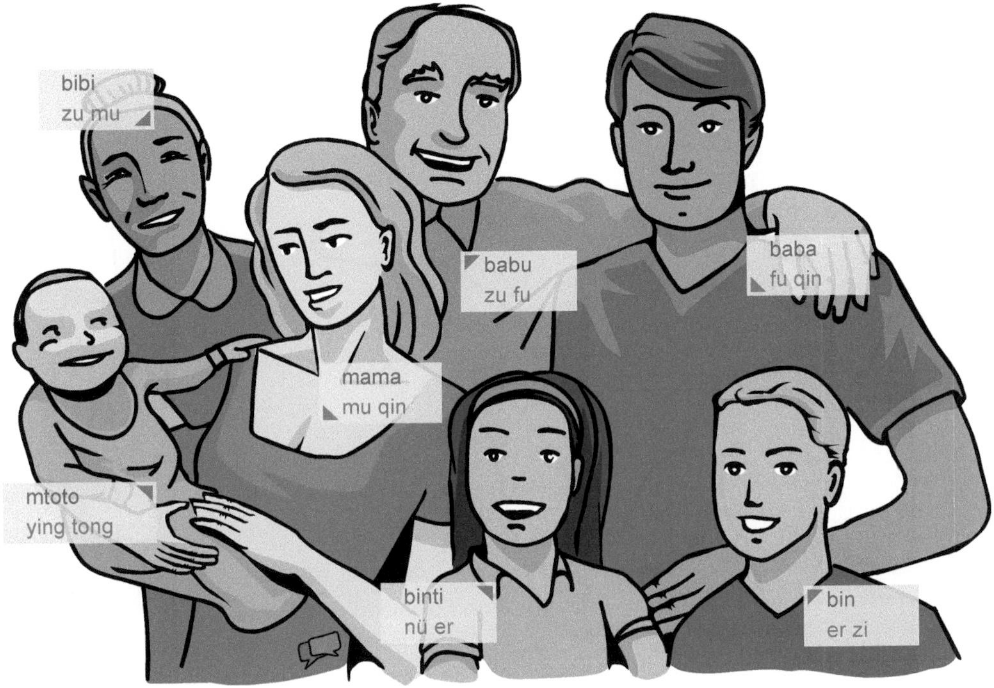
bibi
zu mu
babu
zu fu
baba
fu qin
mama
mu qin
mtoto
ying tong
binti
nü er
bin
er zi

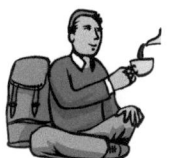

mgeni

ke ren

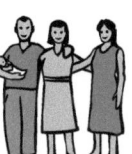

shangazi

a yi

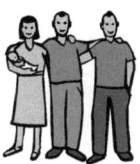

mjomba

shu shu

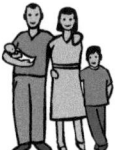

kaka

xiong di

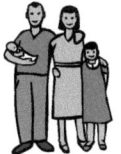

dada

jie mei

mwili

shen ti

paji la uso
qian e
jicho
yan jing
bega
jian bang
kidole
shou zhi
uso
lian
kidevu
xia ba
mkono
shou
matiti
ru fang
mguu
tui
mkono
shou bi

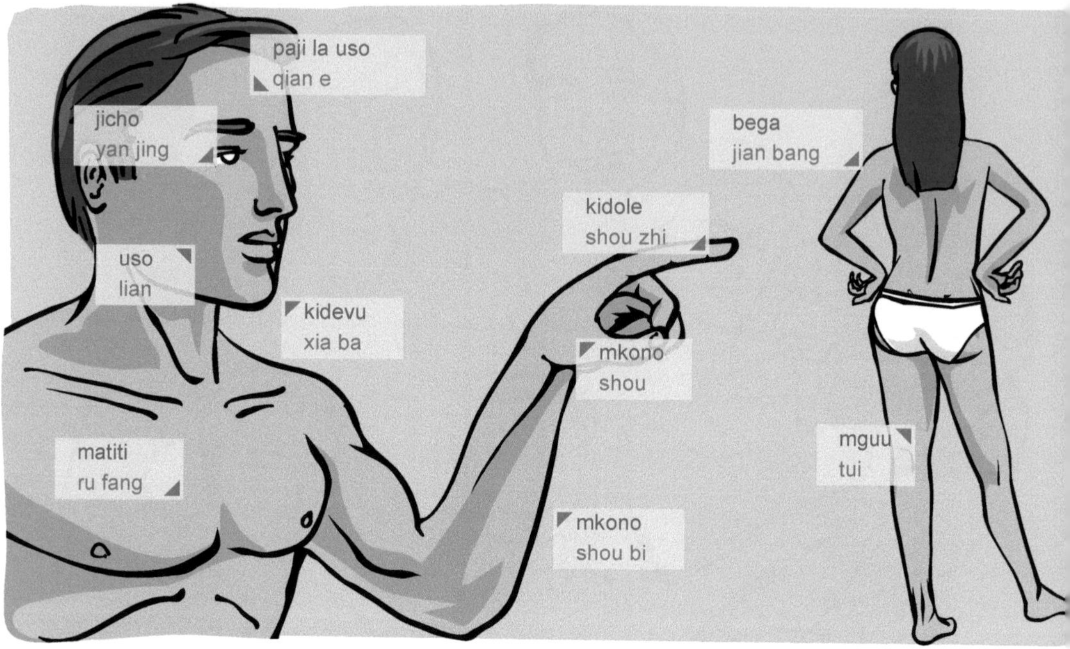

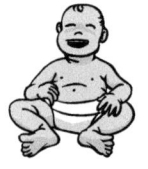

mtoto

ying tong

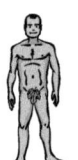

mwanamume

nan ren

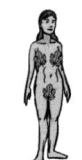

mwanamke

nü ren

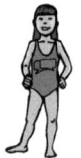

msichana

nü hai

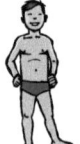

mvulana

nan hai

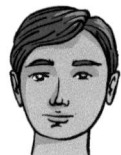

kichwa

tou

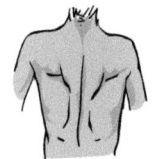

nyuma

bei bu

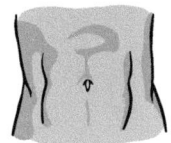

tumbo

du zi

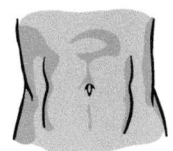

kitovu

du qi

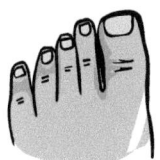

chano

jiao zhi

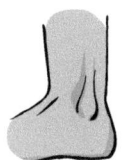

kisigino

jiao hou gen

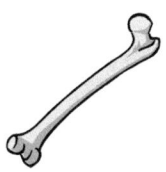

mfupa

gu tou

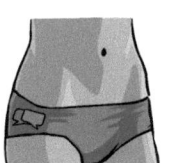

nyonga

tun bu

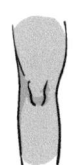

goti

xi gai

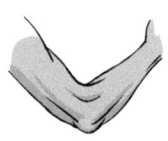

kiwiko

shou zhou

pua

bi zi

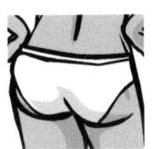

chini

pi gu

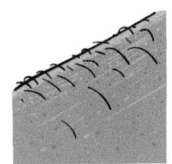

ngozi

pi fu

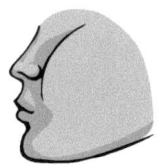

shavu

lian jia

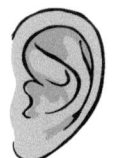

sikio

er duo

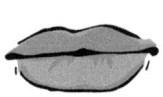

mdomo

zui chun

mwili - shen ti

69

kinywa

zui

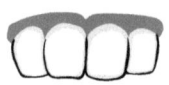

jino

ya chi

ulimi

she tou

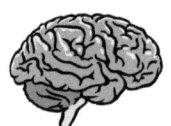

ubongo

nao

moyo

xin zang

misuli

ji rou

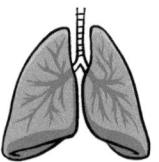

pafu

fei

ini

gan zang

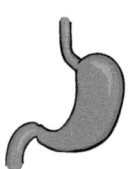

tumbo

wei

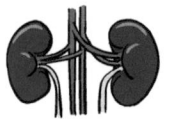

figo

shen zang

jinsia

xing jiao

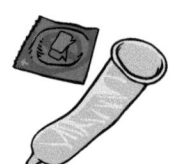

kondomu

bi yun tao

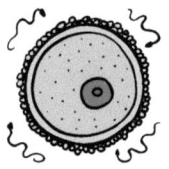

ovari

luan zi

shahawa

jing zi

mimba

huai yun

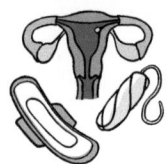

hedhi
yue jing

uke
yin dao

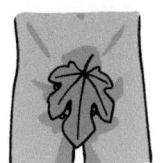

uume
yin jing

unyusi
mei mao

nywele
tou fa

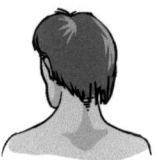

shingo
bo zi

hospitali
yi yuan

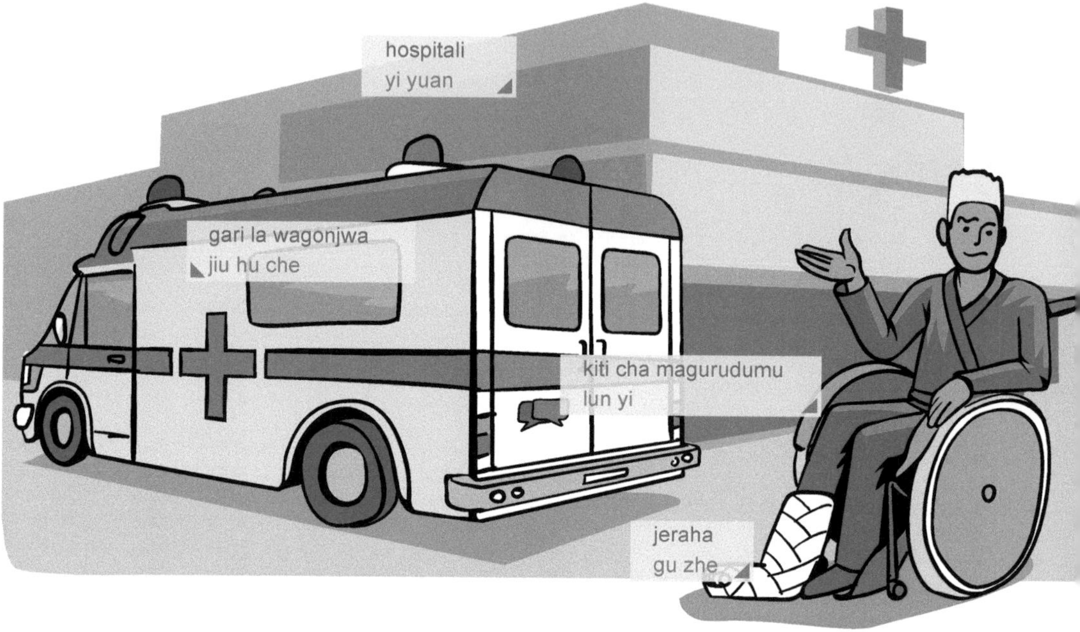

hospitali
yi yuan
gari la wagonjwa
jiu hu che
kiti cha magurudumu
lun yi
jeraha
gu zhe

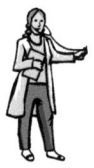

daktari

yi sheng

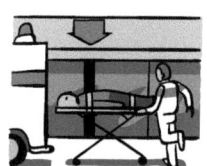

chumba cha dharura

ji zhen shi

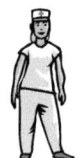

muuguzi

hu shi

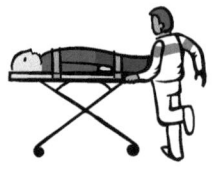

dharura

jin ji qing kuang

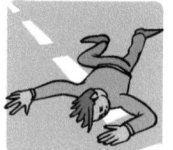

kupoteza fahamu

hun mi

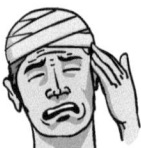

maumivu

tong

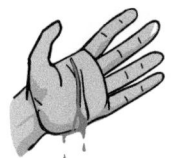

kuumia

shou shang

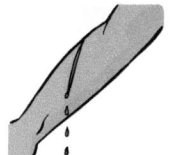

kutokwa na damu

chu xue

mshtuko wa moyo

xin zang bing fa zuo

kiharusi

zhong feng

mzio

guo min

kikohozi

ke sou

homa

fa shao

mafua

liu gan

kuharisha

fu xie

maumivu ya kichwa

tou tong

kansa

ai zheng

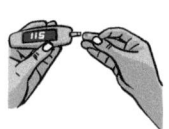

ugonjwa wa kisukari

tang niao bing

daktari mpasuaji

wai ke yi sheng

kisu kidogo cha kupasulia

shou shu dao

operesheni

shou shu

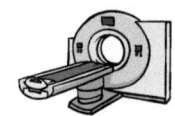

picha changanufu ya mwili

CT

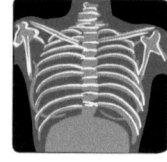

Eksrei

X guang

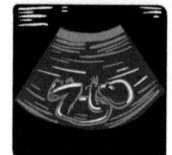

mawimbi sauti

chao sheng bo

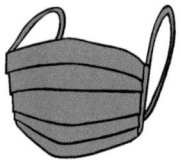

barakoa ya uso

kou zhao

ugonjwa

ji bing

chumba cha kusubiri

hou zhen shi

mkongojo

guai zhang

plasta

shi gao

bendeji

beng dai

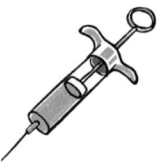

sindano

zhu she

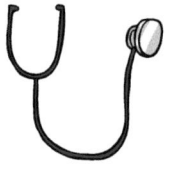

stetoskopu

ting zhen qi

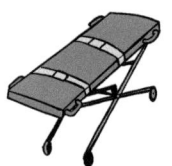

machela

dan jia

kipimajoto cha kliniki

ti wen ji

kuzaliwa

chu sheng

unene kupita kiasi

chao zhong

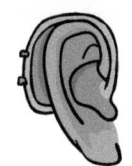

kusikia misaada

zhu ting qi

kipukusi

xiao du ye

maambukizi

gan ran

virusi

bing du

VVU / UKIMWI

ai zi bing

dawa

yao wu

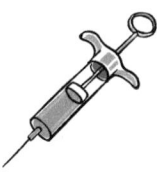

chanjo

jie zhong yi miao

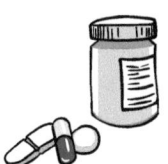

vidonge

yao pian

kidonge

yao wan

simu ya dharura

ji jiu dian hua

haemodainamometa

xue ya ji

mgonjwa / mwenye afya

sheng bing/jian kang

Msaada!

jiu ming!

pigo

tu ji

kengele

jing bao

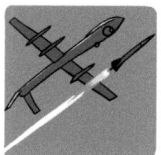

shambulizi

gong ji

hatari

wei xian

lango la dharura

jin ji chu kou

Moto!

zhao huo la!

kizima moto

mie huo qi

ajali

yi wai

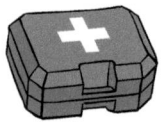

vifaa vya huduma ya
kwanza

ji jiu xiang

wito wa msaada

hu jiu xin hao

polisi

jing cha

Ulaya

ou zhou

Amerika ya Kaskazini

bei mei zhou

Amerika ya Kusini

nan mei zhou

Afrika

fei zhou

Asia

ya zhou

Australia

ao zhou

Atlantiki

da xi yang

Pasifiki

tai ping yang

Bahari ya Hindi

yin du yang

Bahari ya Antaktiki

nan bing yang

Bahari ya Aktiki

bei bing yang

Ncha ya Kaskazini

bei ji

Ncha ya Kusini

nan ji

Antaktika

nan ji zhou

dunia

di qiu

nchi

lu di

bahari

hai

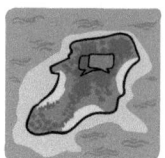

kisiwa

dao

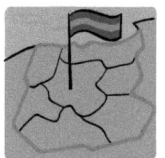

taifa

guo jia

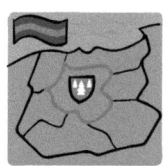

jimbo

guo jia

uso wa saa

zhong mian

akrabu ya saa

shi zhen

akrabu ya dakika

fen zhen

akrabu ya sekunde

miao zhen

Ni saa ngapi?

xian zai ji dian?

siku

tian

wakati

shi jian

sasa

xian zai

saa ya dijitali

dian zi biao

dakika

fen

saa

shi

Jumatatu
zhou yi

MO

W Jumatano
zhou san

FR Ijumaa
zhou wu

TU

TH

SA Jumamosi
zhou liu

SO

Jumanne
zhou er

Alhamisi
zhou si

Jumapili
zhou ri

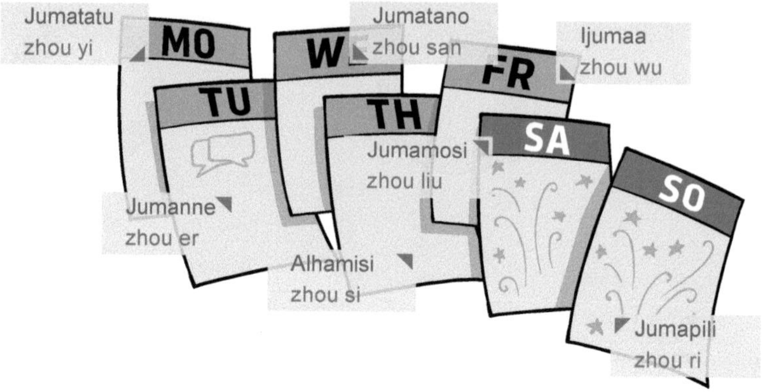

jana
zuo tian

leo
jin tian

kesho
ming tian

asubuhi
zao chen

saa sita mchana
zhong wu

jioni
wan shang

siku za biashara
gong zuo ri

mwishoni mwa wiki
zhou mo

mwaka
nian

mvua
yu
upinde wa mvua
cai hong
upepo
feng
theluji
xue
majira ya machipuko
chun
vuli
qiu
kiangazi
xia
majira ya baridi
dong

4.APRIL 11°
5.APRIL 4°
6.APRIL 13°
7.APRIL 8°
8.APRIL 10°

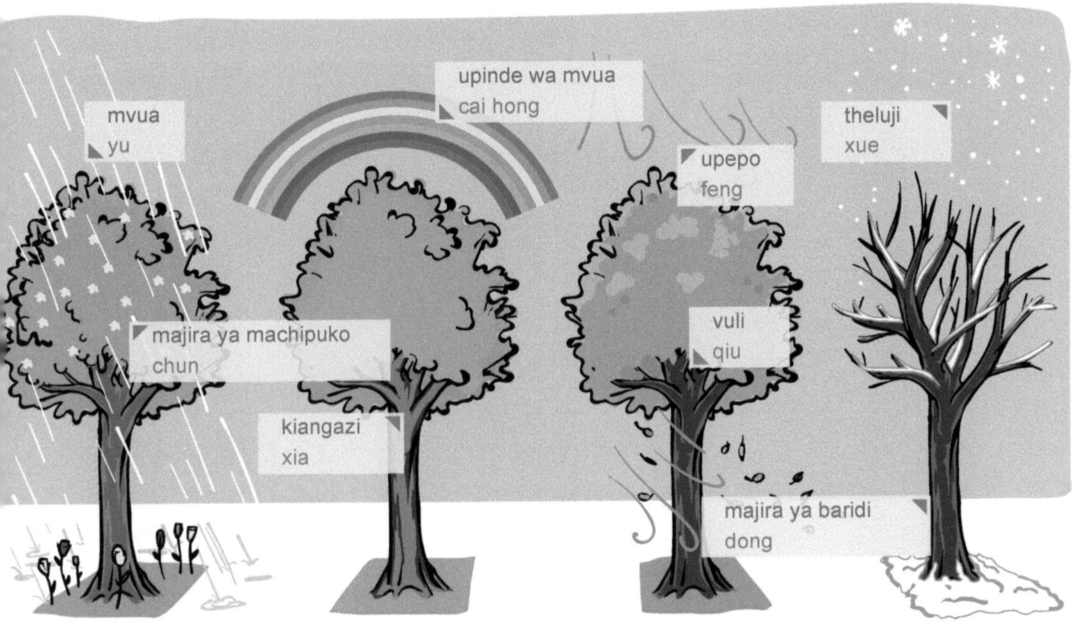

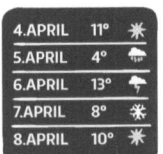

utabiri wa hali ya hewa

tian qi yu bao

F C
120 40
90 30
60 20
30 10
0 0
-30 -10
-20

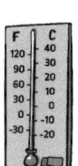

kipimajoto

wen du ji

mwanga wa jua

yang guang

wingu

yun

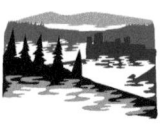

ukungu

wu

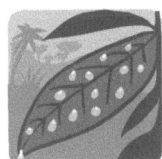

unyevu

chao shi

umeme

shan dian

radi

da lei

dhoruba

feng bao

mvua ya mawe

bing bao

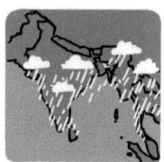

monsuni

ji feng

mafuriko

hong shui

barafu

bing

Januari

yi yue

Februari

er yue

Machi

san yue

Aprili

si yue

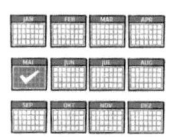

Mei

wu yue

Juni

liu yue

Julai

qi yue

Agosti

ba yue

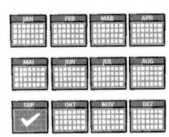

Septemba
....
jiu yue

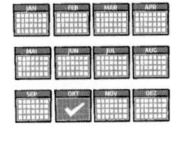

Oktoba
....
shi yue

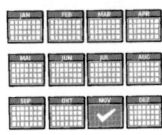

Novemba
....
shi yi yue

Desemba
....
shi er yue

maumbo
xing zhuang

mduara
....
yuan xing

mraba
....
zheng fang xing

mstatili
....
chang fang xing

pembetatu
....
san jiao xing

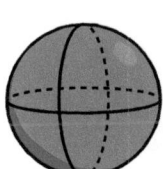

nyanja
....
qiu ti

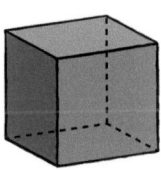

mchemraba
....
li fang ti

nyeupe

bai

manjano

huang

chungwa

cheng

rangi ya waridi

fen

nyekundu

hong

hudhurungi

zi

bluu

lan

kijani

lü

hanja

zong

jivujivu

hui

nyeusi

hei

mengi / kidogo

hen duo/shao xu

hasira / pole

sheng qi/ping jing

nzuri / mbaya

mei/chou

mwanzo / mwisho

shou/wei

kubwa / ndogo

da/xiao

angavu / giza

ming/an

kaka / dada

xiong di/jie mei

safi / chafu

gan jing/ang zang

kamilika / tokamilika

wan zheng/que shi

siku / usiku

bai tian/wan shang

wafu / hai

si/sheng

pana / nyembamba

kuan/zhai

kulika / kutolika

ke shi yong/fei shi yong

ovu / ema

xie e/shan liang

sisimkwa / udhika

xing fen/wu liao

nene / nyembamba

pang/shou

kwanza / mwisho

di yi/zui hou

rafiki / adui

peng you/di ren

jaa / tupu

man/kong

ngumu / laini

ying/ruan

nzito / nyepesi

zhong/qing

njaa / kiu

e/ke

mgonjwa / mwenye afya

sheng bing/jian kang

haramu / kisheria

fei fa/he fa

akili / kijinga

cong ming/yu ben

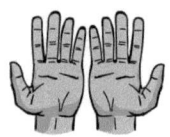

kushoto / kulia

zuo/you

karibu / mbali

jin/yuan

mpya / kutumika
....
xin/jiu

kitu / jambo
....
mei you/you xie

zee / changa
....
lao/you

waka / zima
....
kai/guan

wazi / fungwa
....
da kai/he shang

utulivu / kelele
....
an jing/chao nao

tajiri / masikini
....
fu/qiong

sahihi / kosa
....
dui/cuo

mbaya / laini
....
cu cao/guang hua

huzunika / furahia
....
shang xin/gao xing

fupi /ndefu
....
duan/chang

polepole / haraka
....
man/kuai

nyevu / kavu
....
shi/gan

joto / baridi
....
wen nuan/liang shuang

vita / amani
....
zhan zheng/he ping

nambari

shu zi

0

sufuri

ling

1

moja

yi

2

mbili

er

3

tatu

san

4

nne

si

5

tano

wu

6

sita

liu

7

saba

qi

8

nane

ba

9

tisa

jiu

10

kumi

shi

11

kumi na moja

shi yi

12
kumi na mbili
....
shi er

13
kumi na tatu
....
shi san

14
kumi na nne
....
shi si

15
kumi na tano
....
shi wu

16
kumi na sita
....
shi liu

17
kumi na saba
....
shi qi

18
kumi na nane
....
shi ba

19
kumi na tisa
....
shi jiu

20
ishirini
....
er shi

100
mia
....
bai

1.000
elfu
....
qian

1.000.000
milioni
....
bai wan

Kiingereza

ying yu

Kiingereza cha Marekani

mei shi ying yu

Kimandarini cha Uchina

pu tong hua

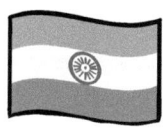

Kihindi

yin di yu

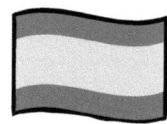

Kihispania

xi ban ya yu

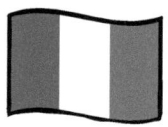

Kifaransa

fa yu

Kiarabu

a la bo yu

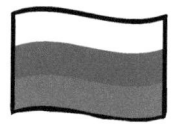

Kirusi

e yu

Kireno

pu tao ya yu

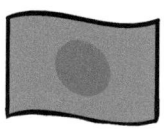

Kibengali

feng jia la yu

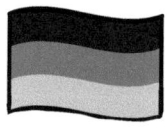

Kijerumani

de yu

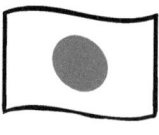

Kijapani

ri yu

mimi
wo

wewe
ni

yeye / yeye / ni
ta/ta/ta

sisi
wo men

wewe
ni men

wao
ta men

nani?
shei?

nini?
shen me?

jinsi gani?
zen yang?

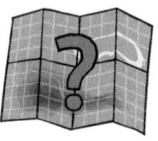

wapi?
na li?

lini?
shen me shi hou?

jina
ming zi

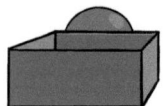

nyuma

hou mian

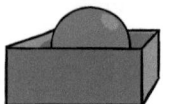

katika

li mian

mbele ya

qian mian

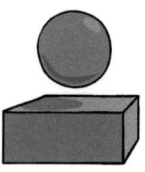

juu ya

shang fang

kwenye

shang mian

chini ya

xia mian

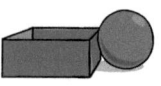

kando

pang bian

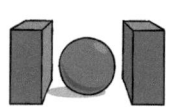

kati

zhong jian

mahali

di dian